DU KANNST UNS GERNE AUSMALEN!
LASS UNS ENDLICH BEGINNEN!
ICH WILL ENDLICH DAS ALPHABET LERNEN!
BALD KANN ICH VON 1 BIS 10 ZÄHLEN!
WIR BEGLEITEN DICH BEIM LERNEN!
VIEL SPAß BEIM LERNEN!

WICHTIGE TIPPS FÜR ELTERN

BEVOR ES MIT DEM LERNSPAß FÜR DICH UND DEIN KIND LOSGEHT, MÖCHTE ICH DIR NOCH EIN PAAR TIPPS UND TRICKS MITGEBEN. ICH ZEIGE DIR WIE DEIN KIND SPIELEND LEICHT LERNT UND WIE DU DABEI UNTERSTÜTZEN KANNST.

TIPP 1: LASS DIR NEUEN INHALT VON DEINEM KIND ERKLÄREN

DER LERNINHALT FESTIGT SICH, WENN MAN SEIN WISSEN WEITERGIBT. LASS DIR NEU ERLERNTE SACHEN VON DEINEM KIND ERKLÄREN. UM ZU PRÜFEN, OB DER LERNSTOFF WIRKLICH SITZT, KANNST DU RÜCKFRAGEN STELLEN.

TIPP 2: ÜBERFORDERUNG ODER UNTERFORDERUNG PRÜFEN

SOLLTE DEIN KIND ZU LANGE LERNZEITEN HABEN ODER ÜBER- ODER UNTERFORDERT SEIN, WIRD SICH DAS NEGATIV AUF DEN LERNERFOLG AUSWIRKEN. DEIN SCHÜTZLING WIRD GENERVT, NERVÖS UND ERFOLGE BLEIBEN AUS. DIE AUFMERKSAMKEIT UND SO AUCH DIE MOTIVATION GEHEN FLÖTEN.

DURCH ACHTSAMKEIT UND VERSTÄNDNIS KANNST DU RECHTZEITIG UNTERSTÜTZEN.

TIPP 3: FESTE GEWOHNHEITEN UND ZEITEN

FESTE ABLÄUFE UND GEWOHNHEITEN SIND WICHTIG FÜR DEIN KIND. DAS UNTERBEWUSSTSEIN STELLT SICH DURCH REGELMÄßIGE ABLÄUFE EIN. PLANE ALLE 20 MINUTEN EINE PAUSE VON MAXIMAL 5 MINUTEN EIN.

ABER WIE LANGE KANN SICH DEIN KIND KONZENTRIEREN?

DIE FAUSTREGEL: ALTER DES KINDES MAL 2. VIERJÄHRIGE KÖNNEN SICH Z.B. 8 MINUTEN AM STÜCK KONZENTRIEREN.

TIPP 4: DIE RICHTIGE SPRACHE FINDEN

FOLGENDE SÄTZE KÖNNEN WUNDER WIRKEN:

- „ICH BIN STOLZ AUF DICH" IN UNMOTIVIERTEN PHASEN

- „WIE IST DEINE MEINUNG DAZU?" JETZT FÜHLT SICH DEIN KIND ERNST GENOMMEN

- „DU HAST DICH SUPER VERBESSERT. ES LOHNT SICH ANZUSTRENGEN" FORTSCHRITTE EXTRA LOBEN

- „WIE KANN ICH DIR HELFEN?" MIT UNTERSTÜTZUNG TRAUT SICH DEIN KIND MEHR ZU

TIPP 5: DAS GANZE GEHIRN NUTZEN

DAS GEHIRN LIEBT GESCHICHTEN, BILDER, BEGEISTERUNG, FARBEN, SPAß UND GUTE GEFÜHLE.

DAS GEHIRN HASST KRITIK, DRUCK, FRUST UND WISSEN OHNE ANWENDUNG.

TIPP 6: DAS RICHTIGE LERNKLIMA

NICHT NUR BEI ERWACHSENEN, SONDERN AUCH BEI KINDERN IST AUSREICHEND SCHLAF UND BEWEGUNG WICHTIG. GESUNDES ESSEN, EIN AUFGERÄUMTER SCHREIBTISCH UND EINE RUHIGE UMGEBUNG WIRKEN SICH POSITIV AUF DEN LERNERFOLG AUS.

TIPP 7: DAS WORT „LERNEN" ERSETZEN

VERWENDE AUCH WÖRTER WIE HERAUSFINDEN, ENTDECKEN ODER EXPERIMENTIEREN.

VERMEIDE ES EINE ART ERSATZLEHRER ZU WERDEN. DAS KANN DIE BEZIEHUNG BELASTEN.

DREH DIE ROLLEN UM UND LASS DIR VON DEINEM KIND ETWAS NEU GELERNTES ERKLÄREN.

TIPP 8: LERNEN IM ALLTAG

LERNEN KANN MAN ÜBERALL. LASS DEIN KIND BEIM BACKEN ZÄHLEN ODER GESCHICHTEN ÜBER DIE NATUR BEIM SPAZIERGANG ERZÄHLEN.

TIPP 9: SPIELEN IST LERNEN

BEIM SPIELEN FÖRDERT SICH DEIN KIND SELBST.

INDEM DEIN KIND ROLLEN ÜBERNIMMT UND SICH IN ANDERE HINEINVERSETZT WIRD DAS SOZIALVERHALTEN ENTWICKELT.

SELBSTSICHERHEIT GIBT DAS ENTDECKEN UND ERKUNDEN DER UMGEBUNG.

SPIELERISCHES LERNEN MACHT GLÜCKLICH UND HAT EINEN GROßEN EINFLUSS AUF DIE HIRNENTWICKLUNG.

AB HIER FINDEST DU VERSCHIEDENE LERNSPIELE. DIESE WERDEN VON UNSEREN COMIC KINDERN BEGLEITET UND ERKLÄRT.

FÜR ERLEDIGTE AUFGABEN KÖNNEN DIE FIGUREN ALS BELOHNUNG AUSGEMALT WERDEN.

ZU SCHWERE AUFGABEN KÖNNT IHR ÜBERSPRINGEN UND ZU EINEM SPÄTEREN ZEITPUNKT FERTIGSTELLEN.

LOS GEHT'S!

MALE DIE
GESTRICHELTEN
LINIEN NACH

ZEICHNE DIE PUNKTE NACH

ZEICHNE NACH

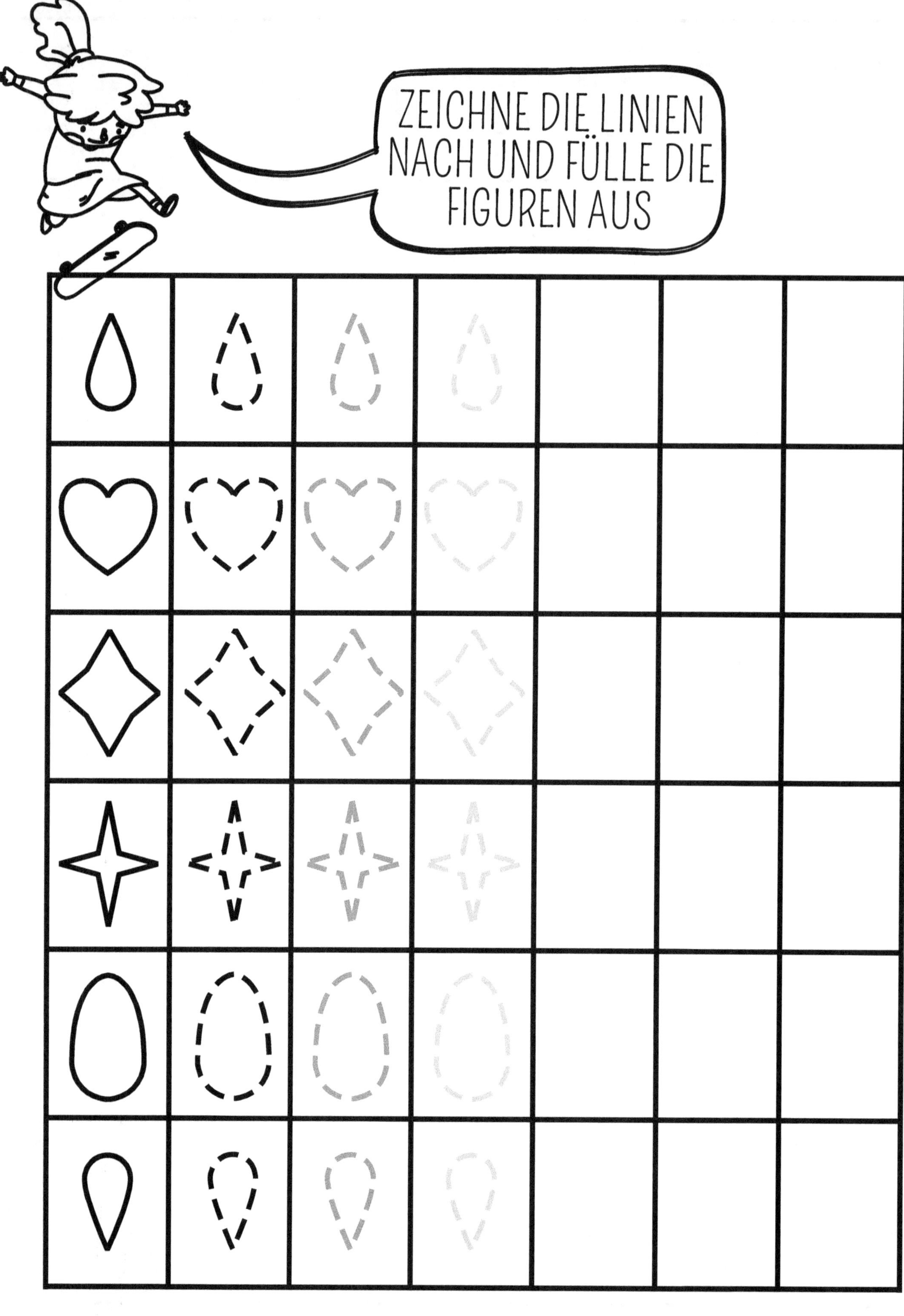

ZEICHNE DIE LINIEN NACH UND FÜLLE DIE FIGUREN AUS

ZEICHNE DIE LINIEN NACH

ZEICHNE NACH

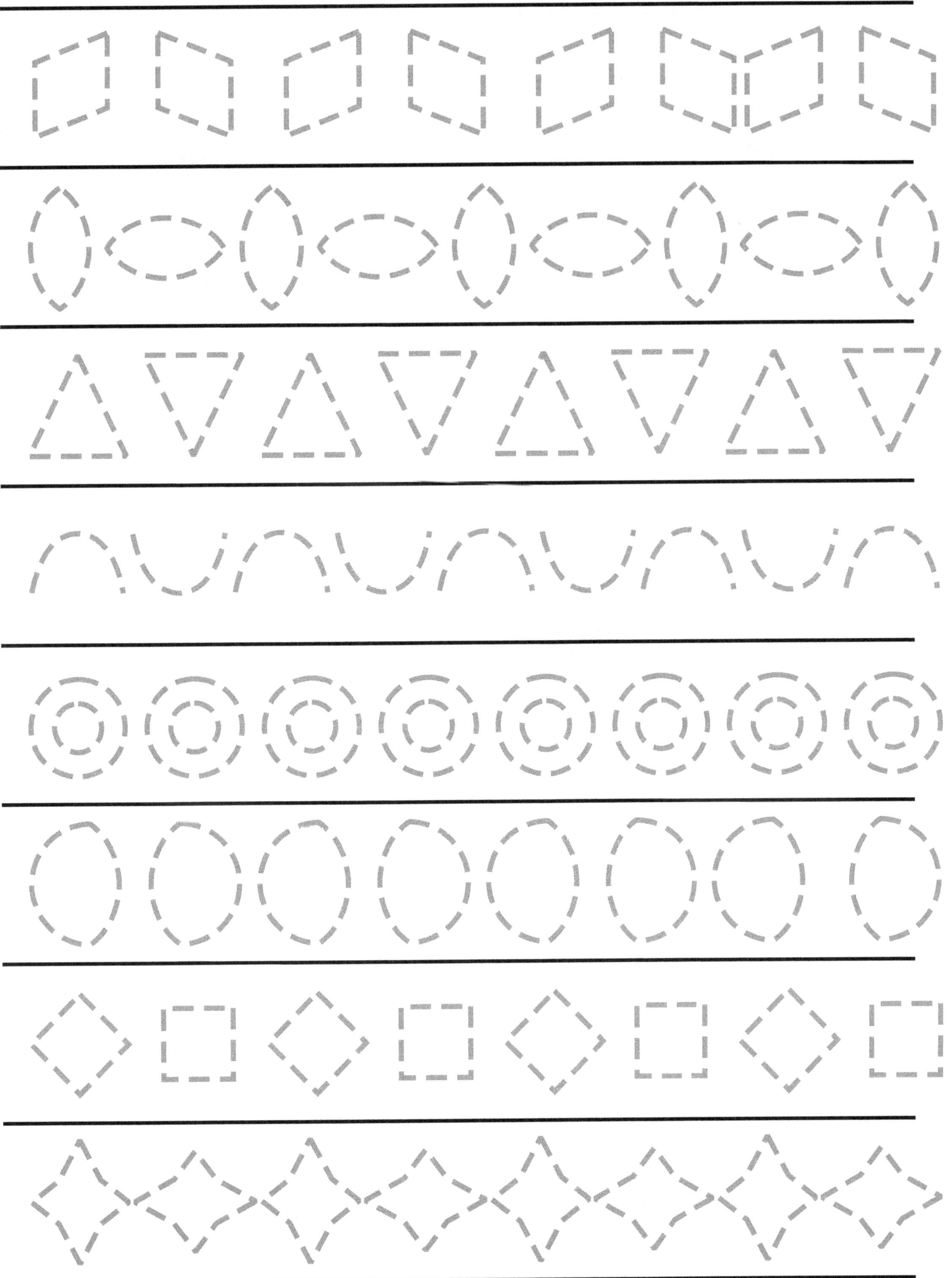

VERBINDE DIE PUNKTE

ZEICHNE DIE
PUNKTE NACH

ZEICHNE DIE LINIEN NACH

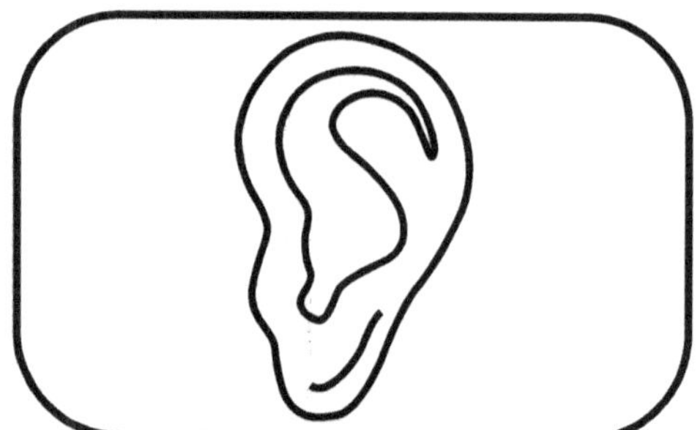

DELFIN

AUTO

ZUG

LÖWE

OHR

RAKETE

BUCH

JACKE

KROKODIL

SCHLANGE

HERZ

MALE ALLE
DREIECKE
AUS

VERBINDE PASSENDE BILDER UND WÖRTER
IGEL
KUH
RING
PFERD
ERDE

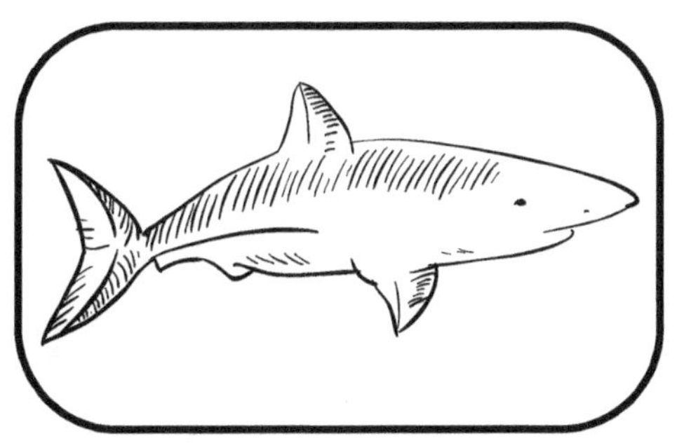

FROSCH

APFEL

KATZE

HAI

WOLKE

DRACHE

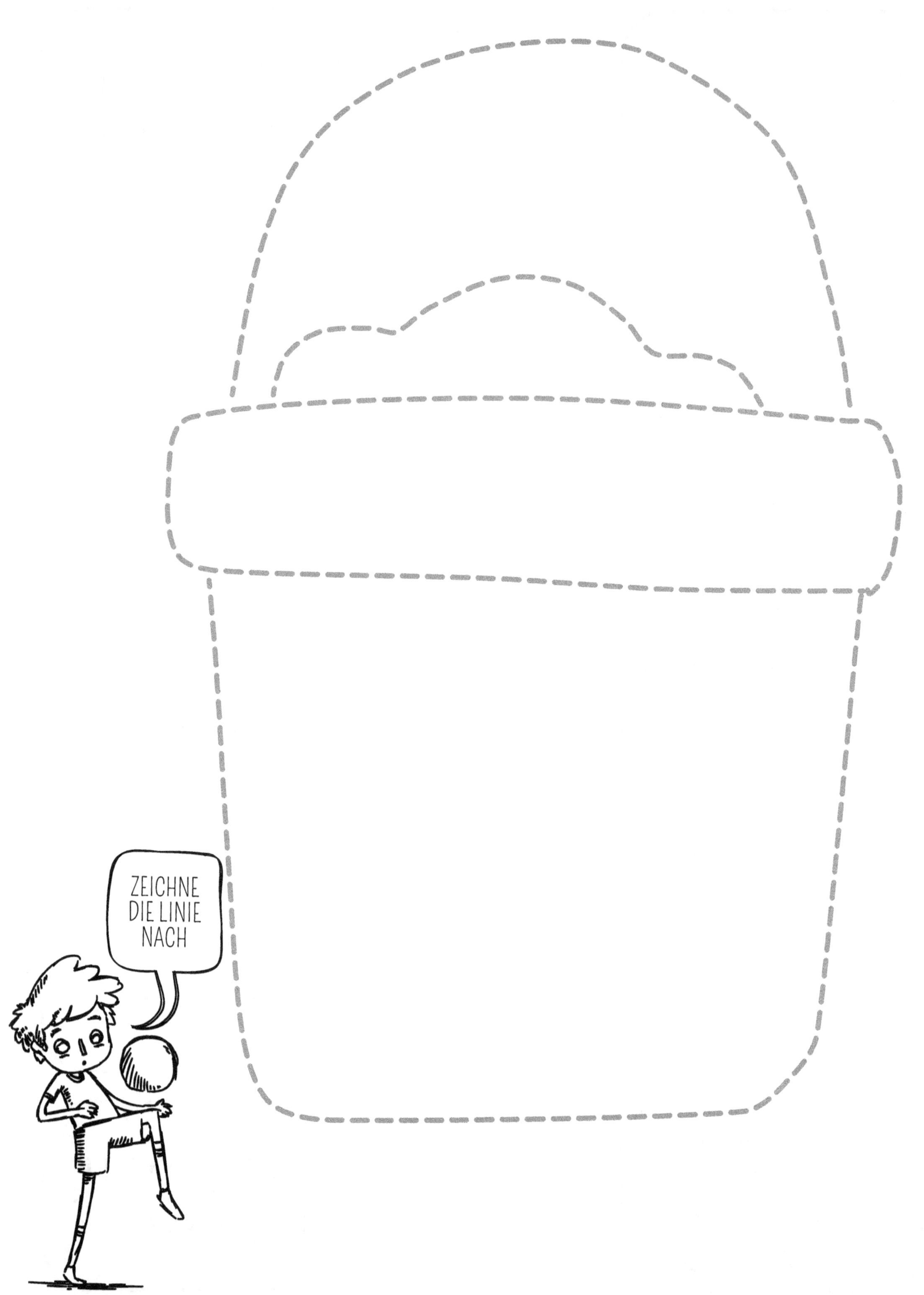

ZEICHNE
DIE LINIE
NACH

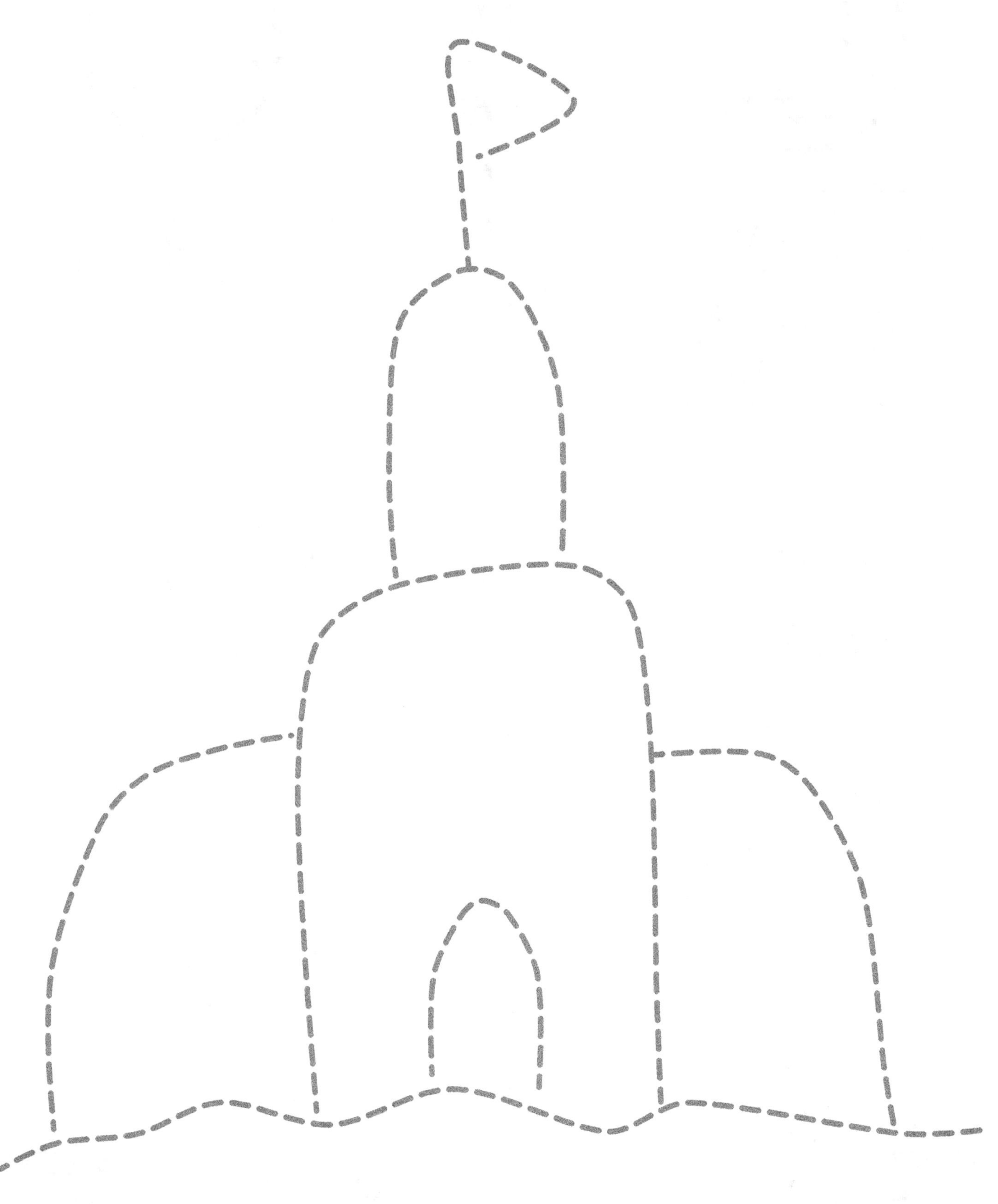

VERBINDE DIE ANFANGSBUCHSTABEN MIT DEM RICHTIGEN BILD!

R
T
O
B
W
H
E
B

ZEICHNE DIE PUNKTE NACH

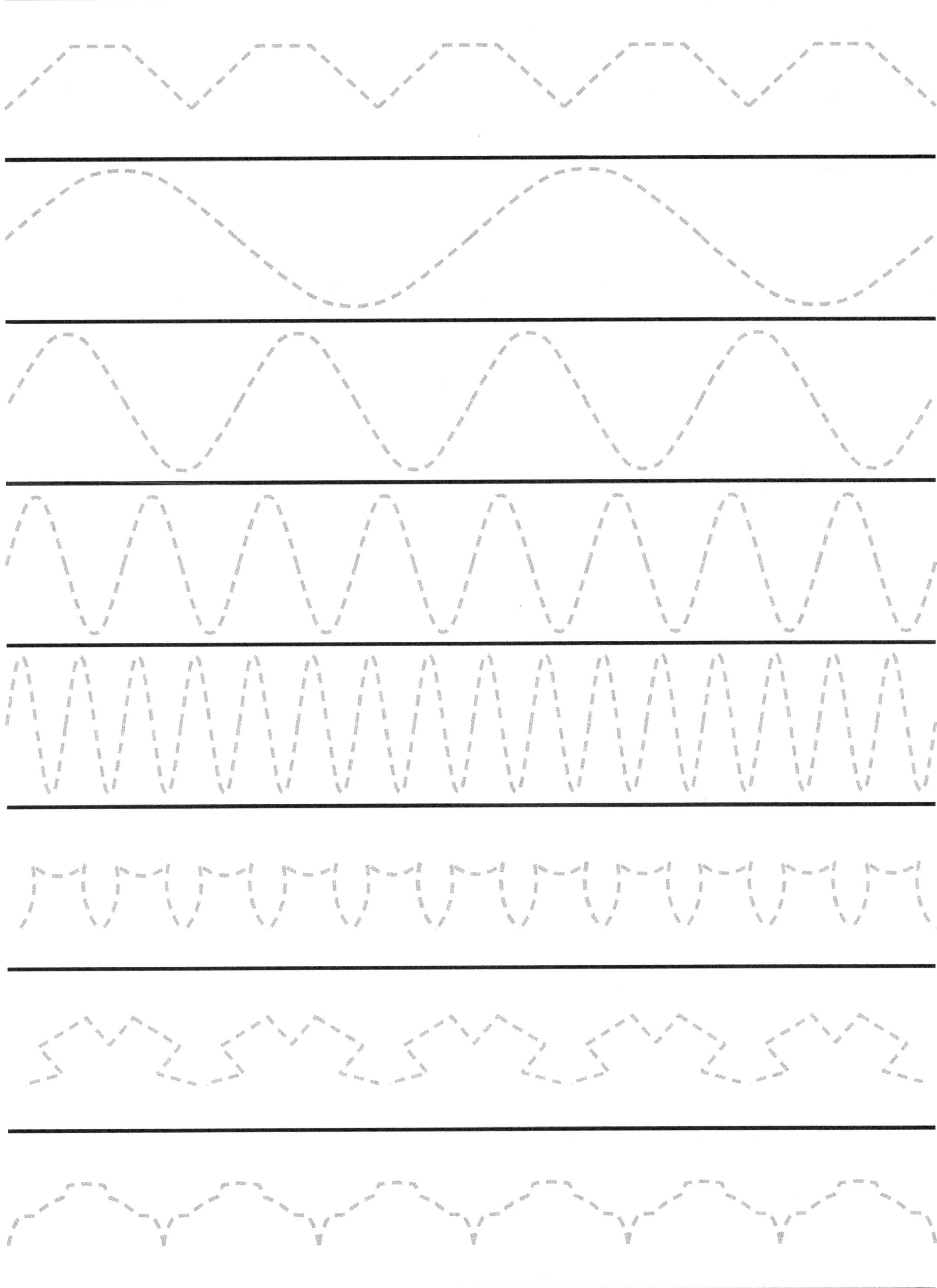

MALE GLEICHE FORMEN MIT DER GLEICHEN FARBE AN

ZEICHNE DIE PUNKTE NACH

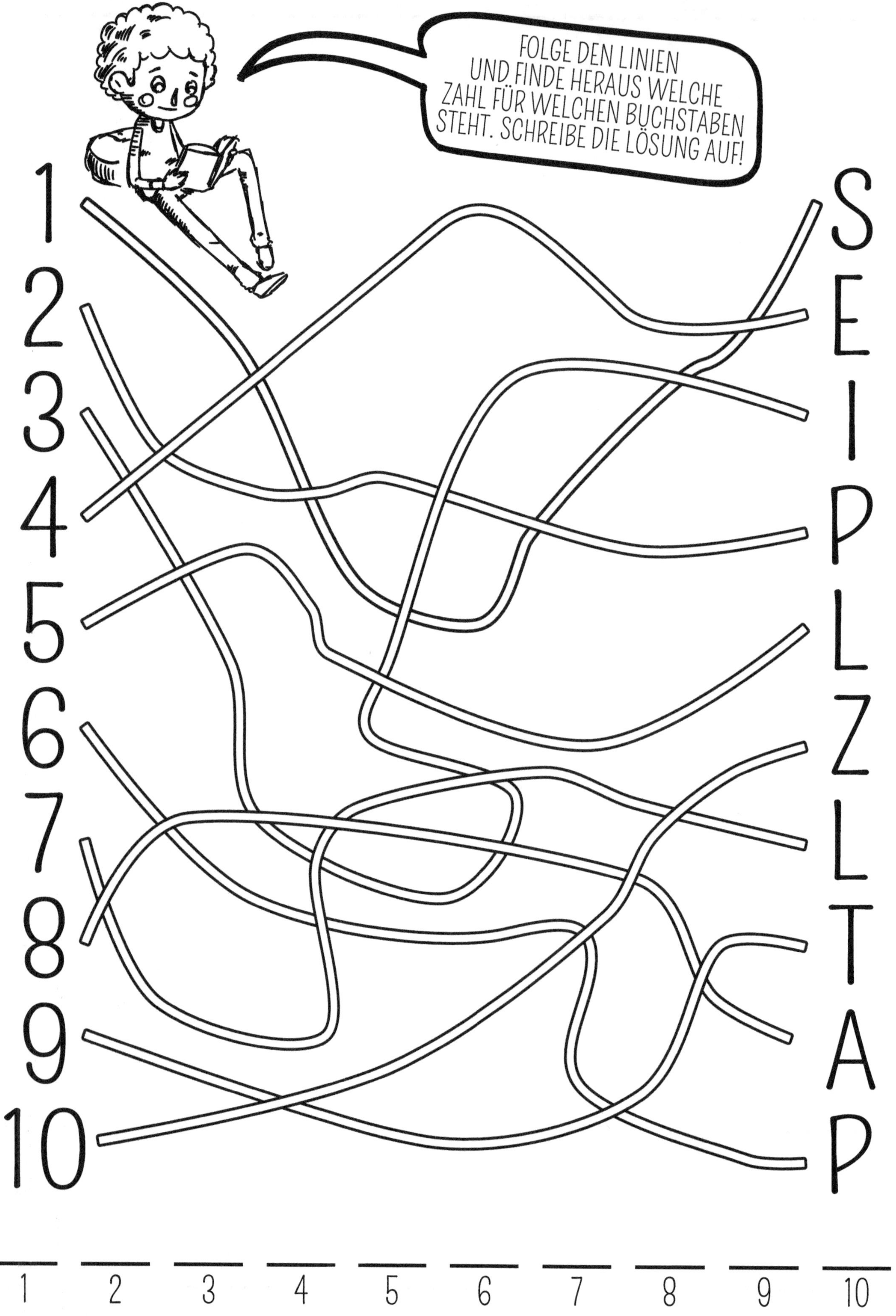

FOLGE DEN LINIEN UND FINDE HERAUS WELCHE ZAHL FÜR WELCHEN BUCHSTABEN STEHT. SCHREIBE DIE LÖSUNG AUF!
1
2
3
4
5
6
7
8
9
10
S
E
I
P
L
Z
L
T
A
P
1
2
3
4
5
6
7
8
9
10

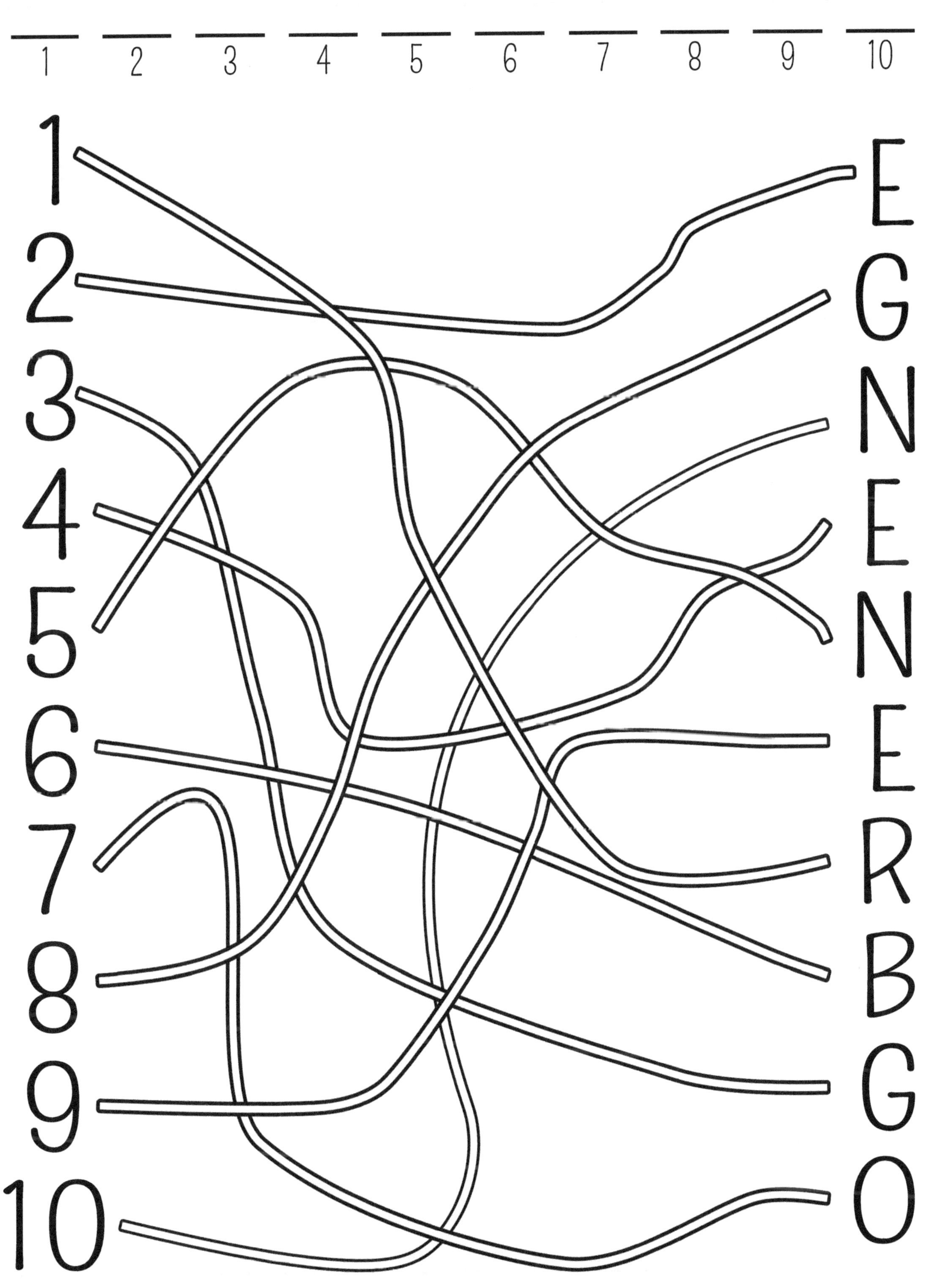

1 2 3 4 5 6 7 8 9 10
1
2
3
4
5
6
7
8
9
10
E
G
N
E
N
E
R
B
G
O

ZEICHNE DIE
PUNKTE NACH

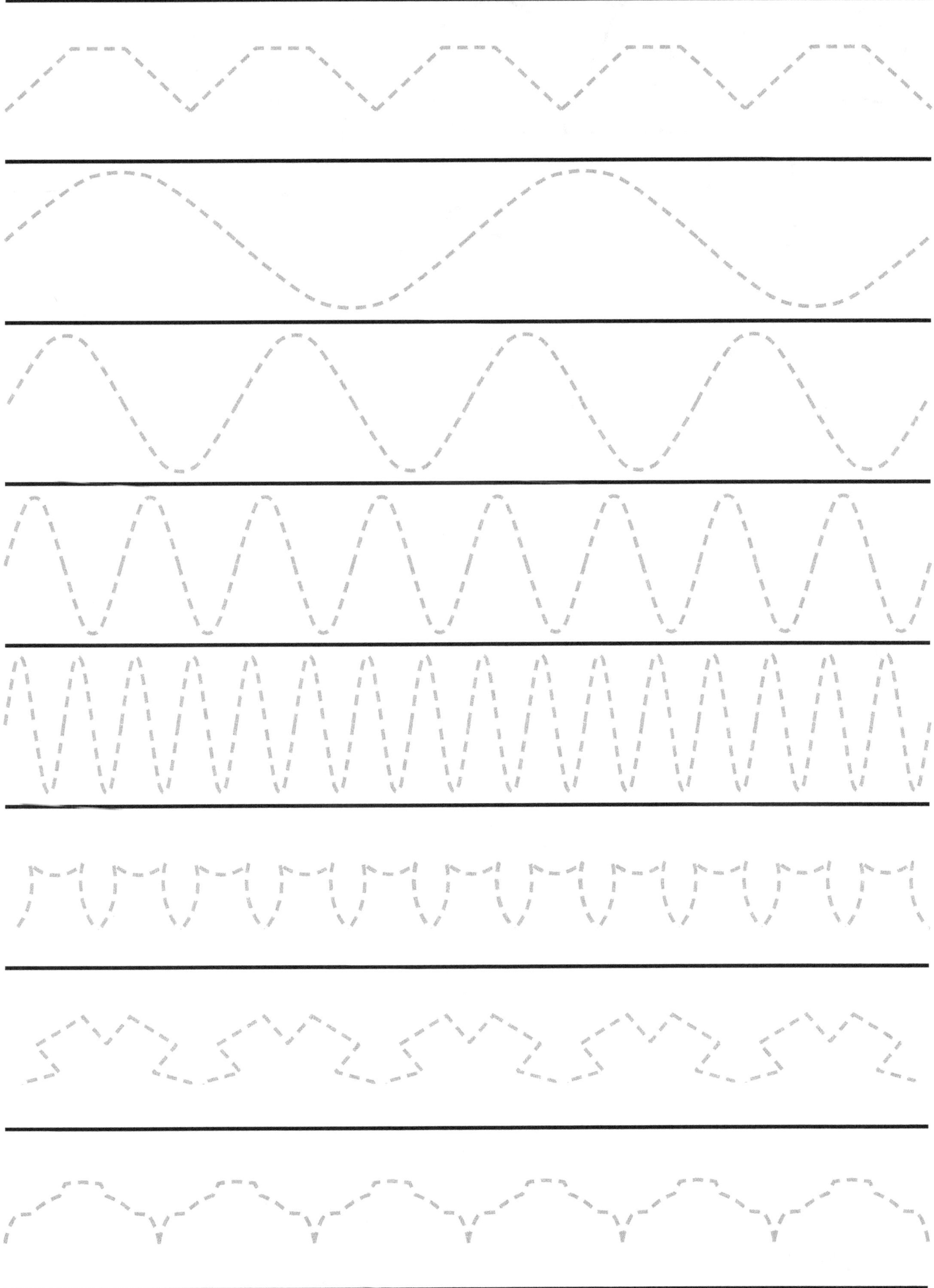

MALE ALLE
KREISE
AUS

ZEICHNE DIE
PUNKTE NACH

ZEICHNE DIE LINIEN NACH

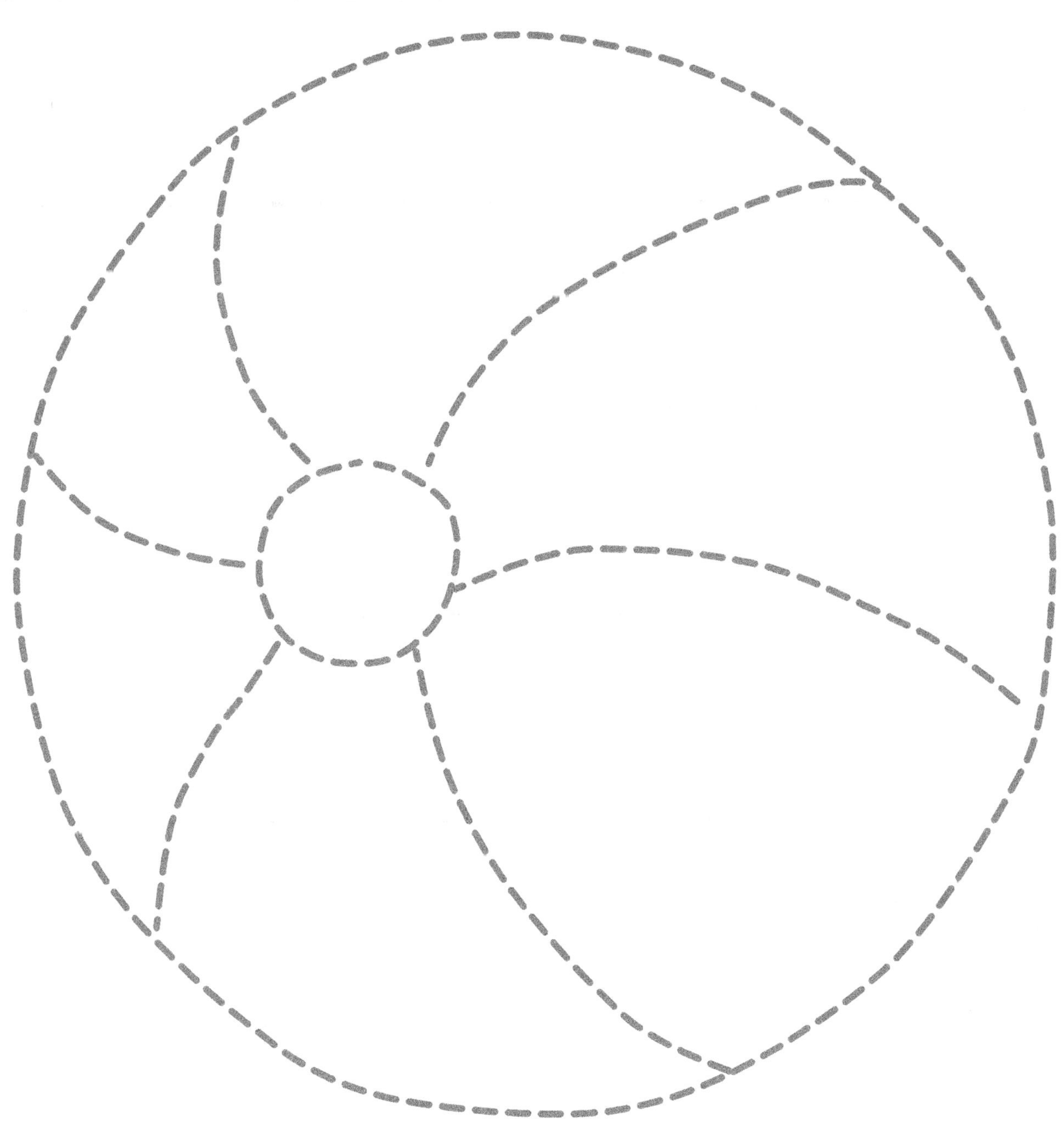

ZEICHNE DIE
PUNKTE NACH

MALE DIE KLEINEN FORMEN ROT, UND DIE GROßEN GELB AN

ZEICHNE DIE LINIEN NACH

MALE DIE KLEINSTE UND GRÖSSTE FIGUR AUS

ZEICHNE DIE LINIEN NACH

ZEICHNE NACH

ZEICHNE DIE LINIEN NACH

START
FINDE DEN RICHTIGEN WEG
ZIEL

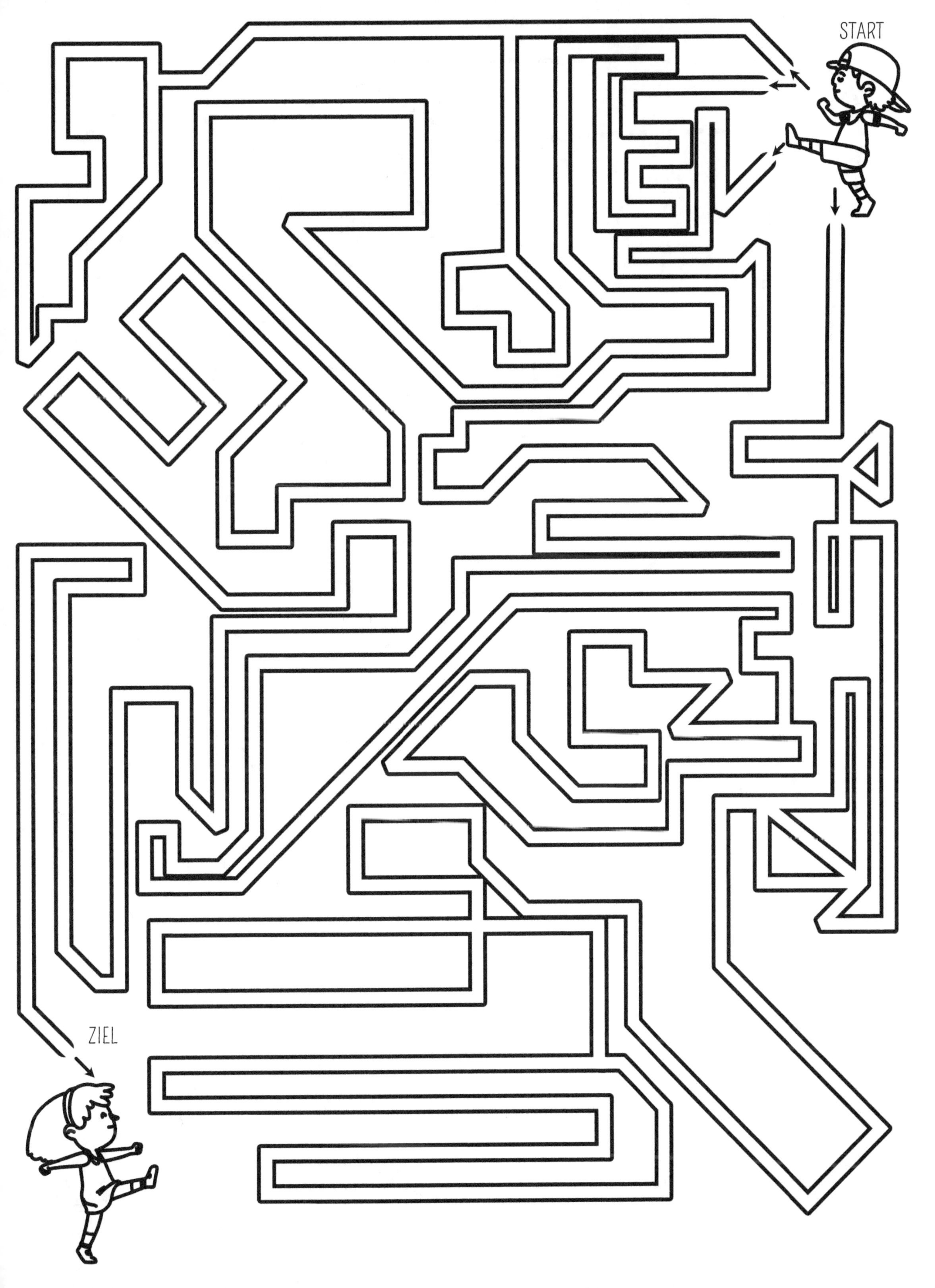

START
ZIEL

ZEICHNE DIE LINIEN NACH

ZEICHNE DIE LINIEN NACH UND FÜLLE DIE FELDER AUS

ZEICHNE DIE
PUNKTE NACH

ZEICHNE NACH

ZEICHNE NACH

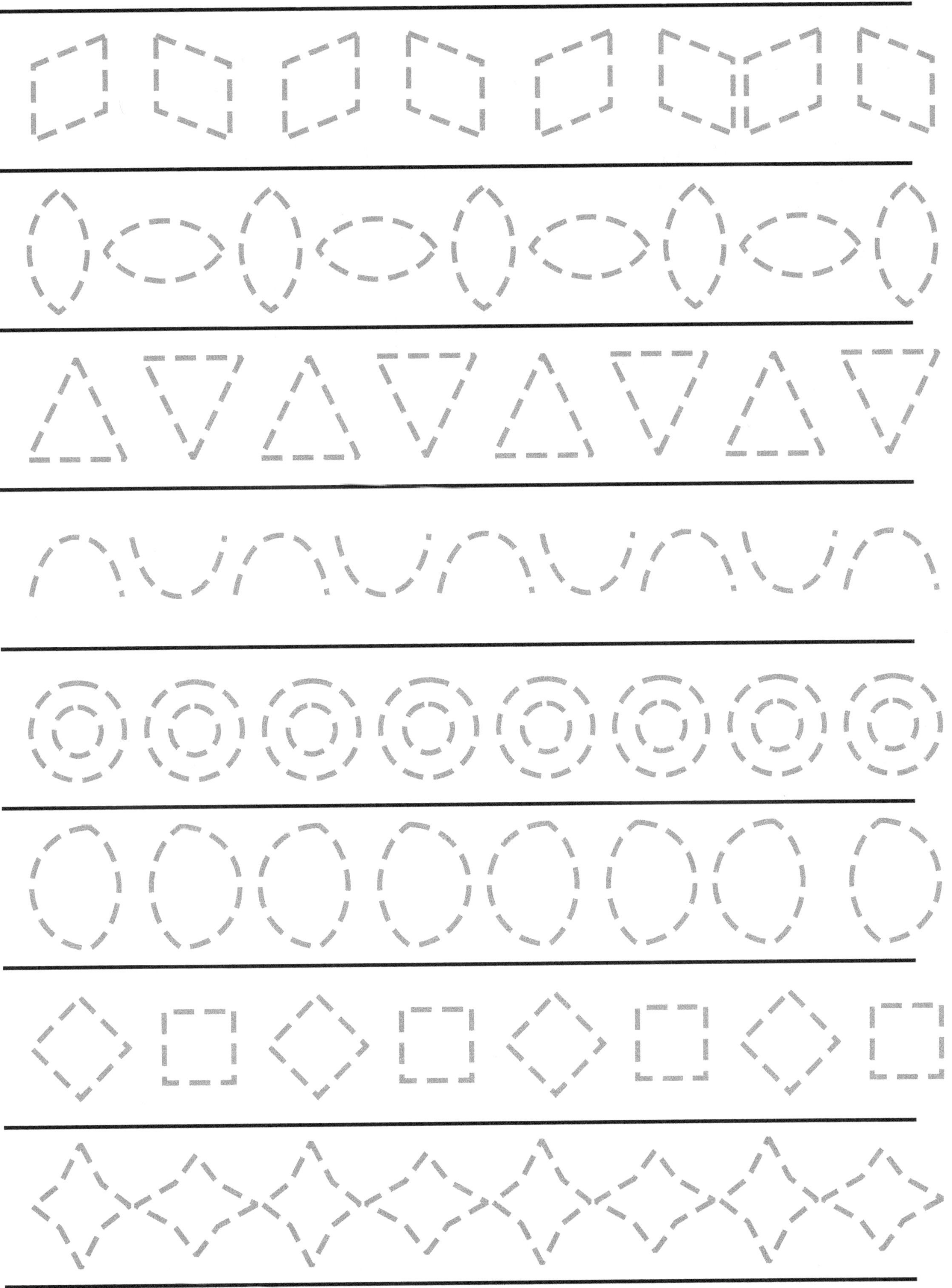

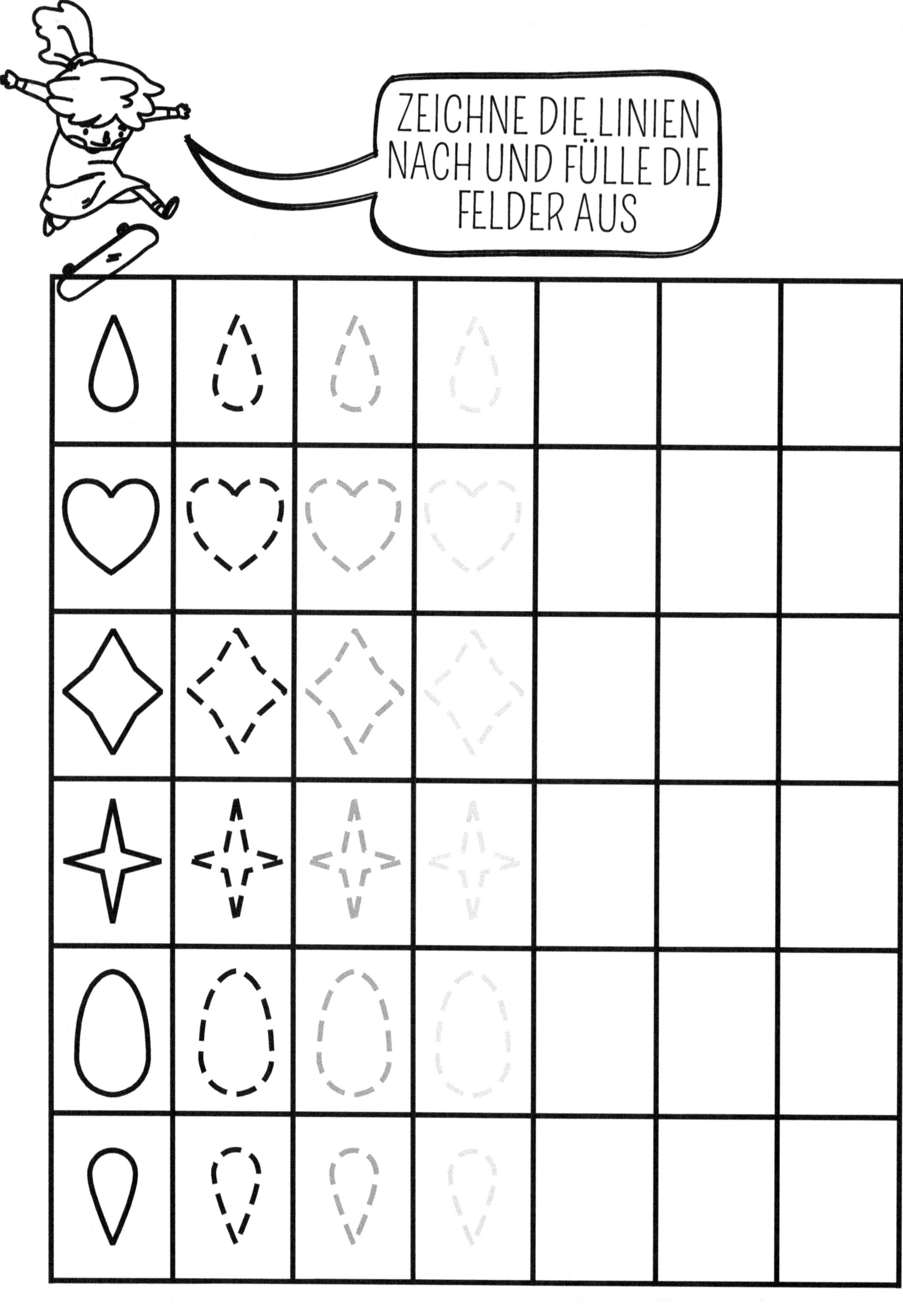

ZEICHNE DIE LINIEN
NACH UND FÜLLE DIE
FELDER AUS

ZEICHNE DIE LINIEN NACH UND FÜLLE DIE FELDER AUS

ZEICHNE NACH

ZEICHNE NACH

VERBINDE
DIE GLEICHEN
FORMEN

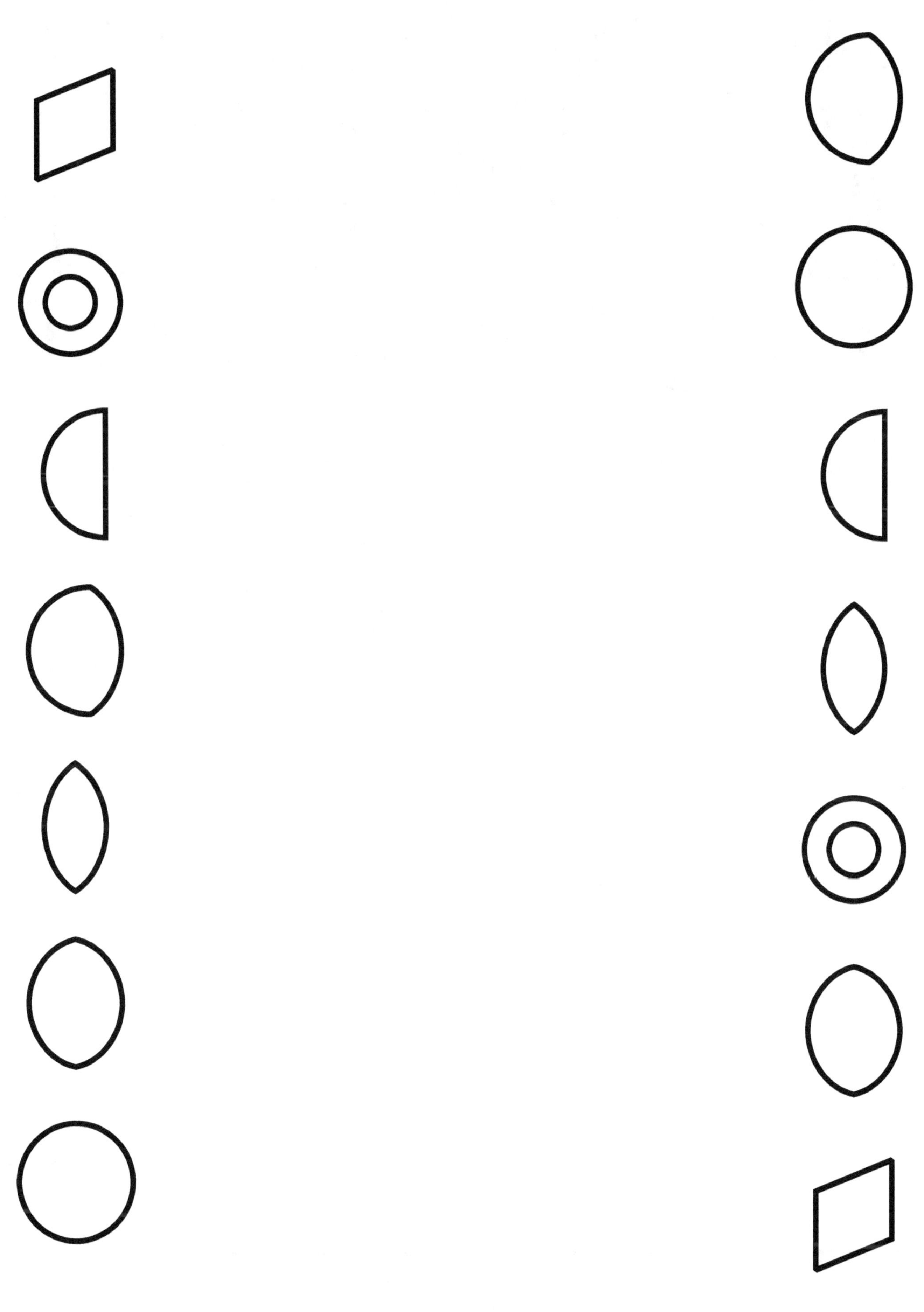

FOLGE DEN LINIEN UND FINDE HERAUS WELCHE ZAHL FÜR WELCHEN BUCHSTABEN STEHT. SCHREIBE DIE LÖSUNG AUF!
1
2
3
4
5
6
7
8
9
10
11
A
I
N
E
E
K
M
R
Ä
F
R
1 2 3 4 5 6 7 8 9 10 11

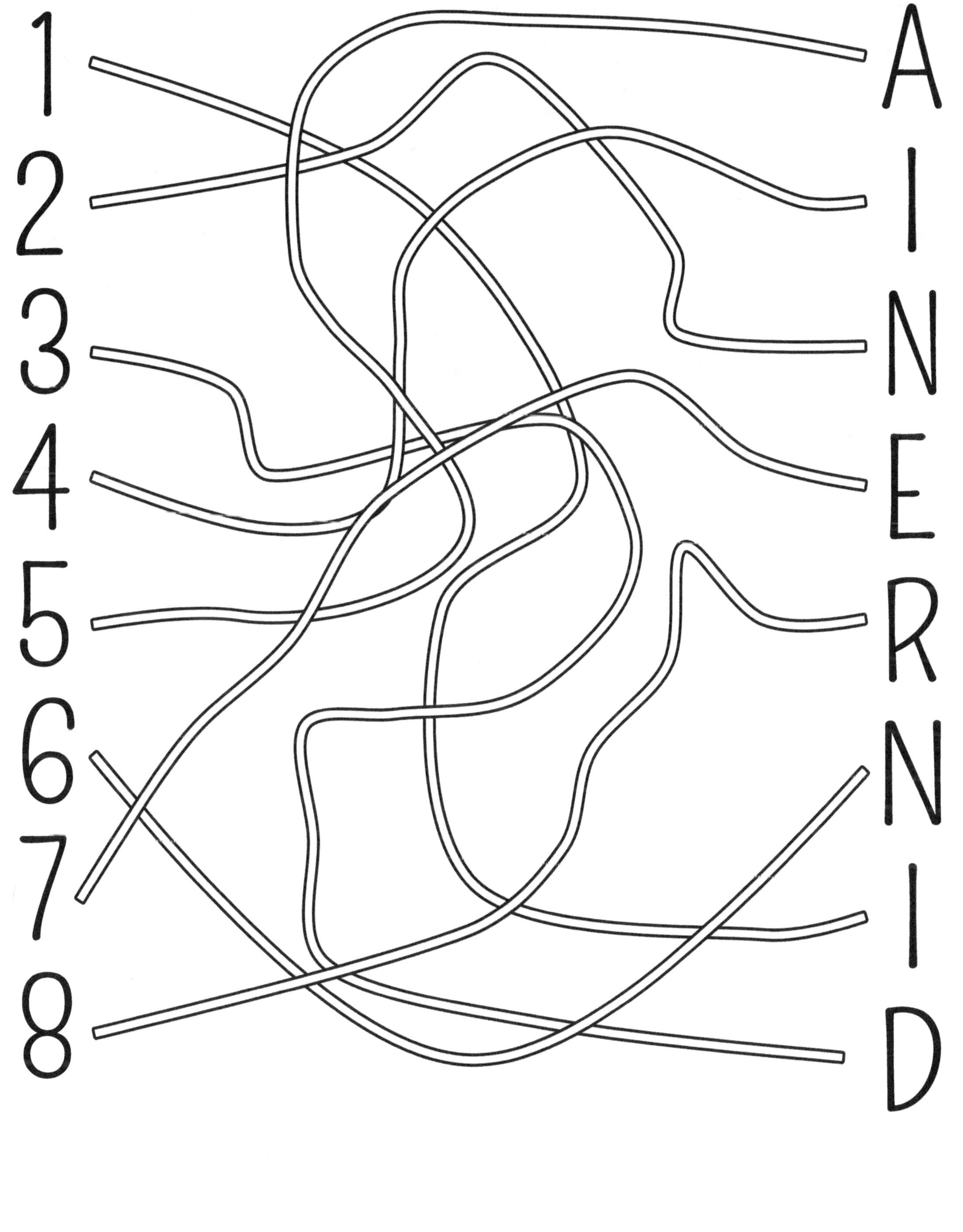

MALE DIE KLEINSTE UND GRÖßTE FIGUR AUS

MALE ALLE
QUADRATE
AUS

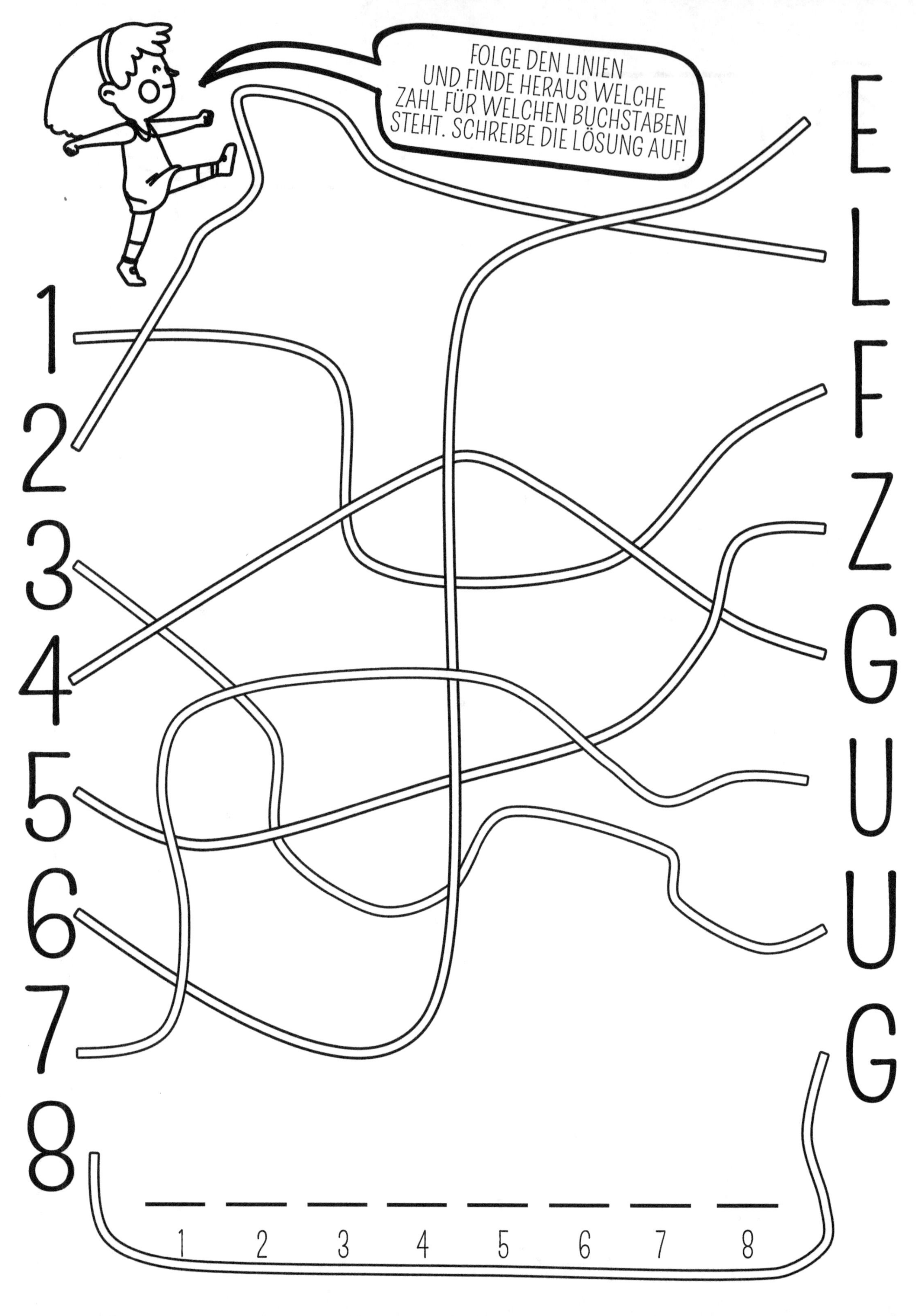

FOLGE DEN LINIEN
UND FINDE HERAUS WELCHE
ZAHL FÜR WELCHEN BUCHSTABEN
STEHT. SCHREIBE DIE LÖSUNG AUF!
E
L
F
Z
G
U
U
G
1
2
3
4
5
6
7
8
1 2 3 4 5 6 7 8

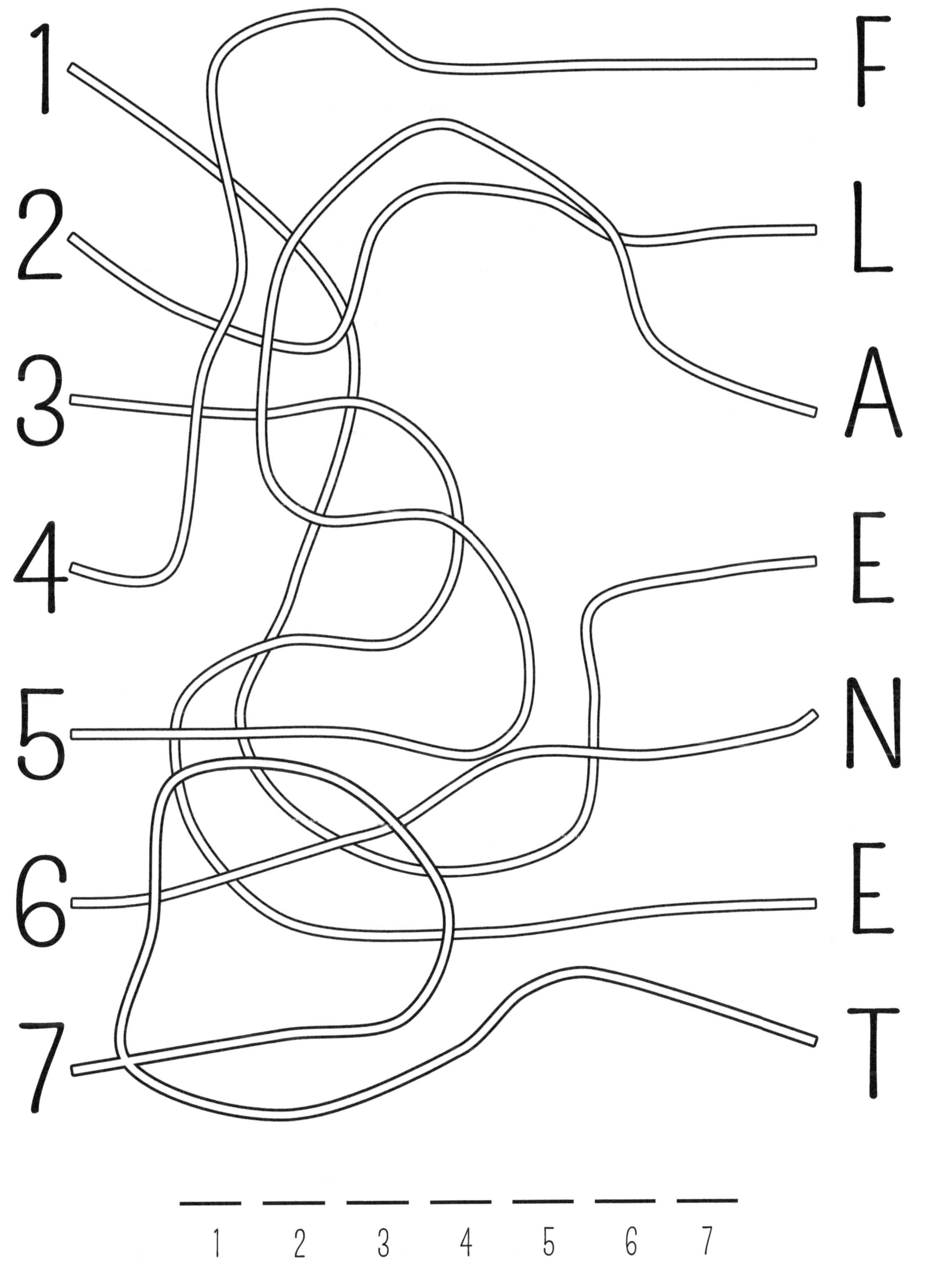

1
2
3
4
5
6
7
F
L
A
E
N
E
T
1 2 3 4 5 6 7

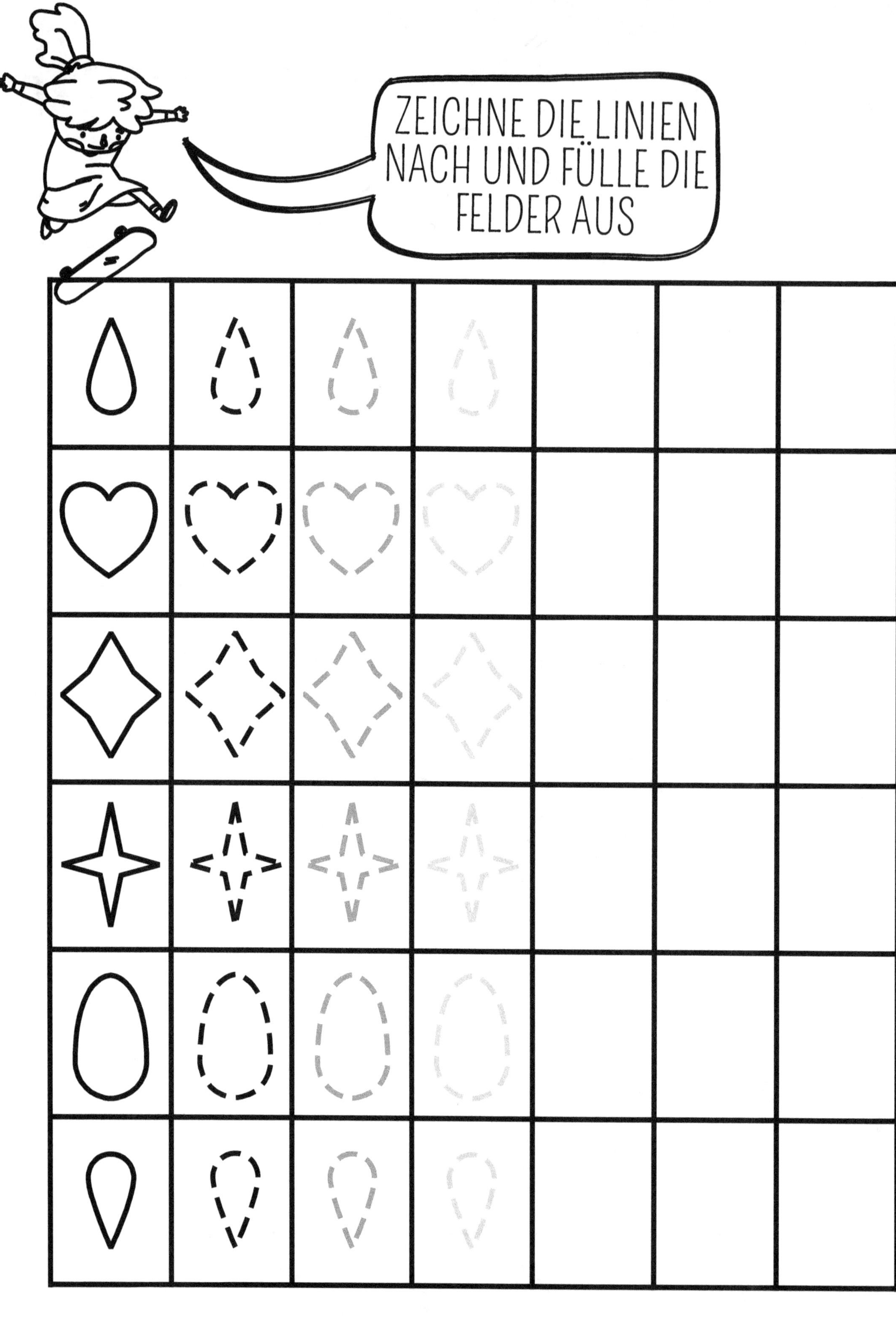
ZEICHNE DIE LINIEN NACH UND FÜLLE DIE FELDER AUS

VERBINDE DIE PUNKTE

ZIEL
FINDE DEN RICHTIGEN WEG
START

START
ZIEL

ZEICHNE DIE LINIEN NACH

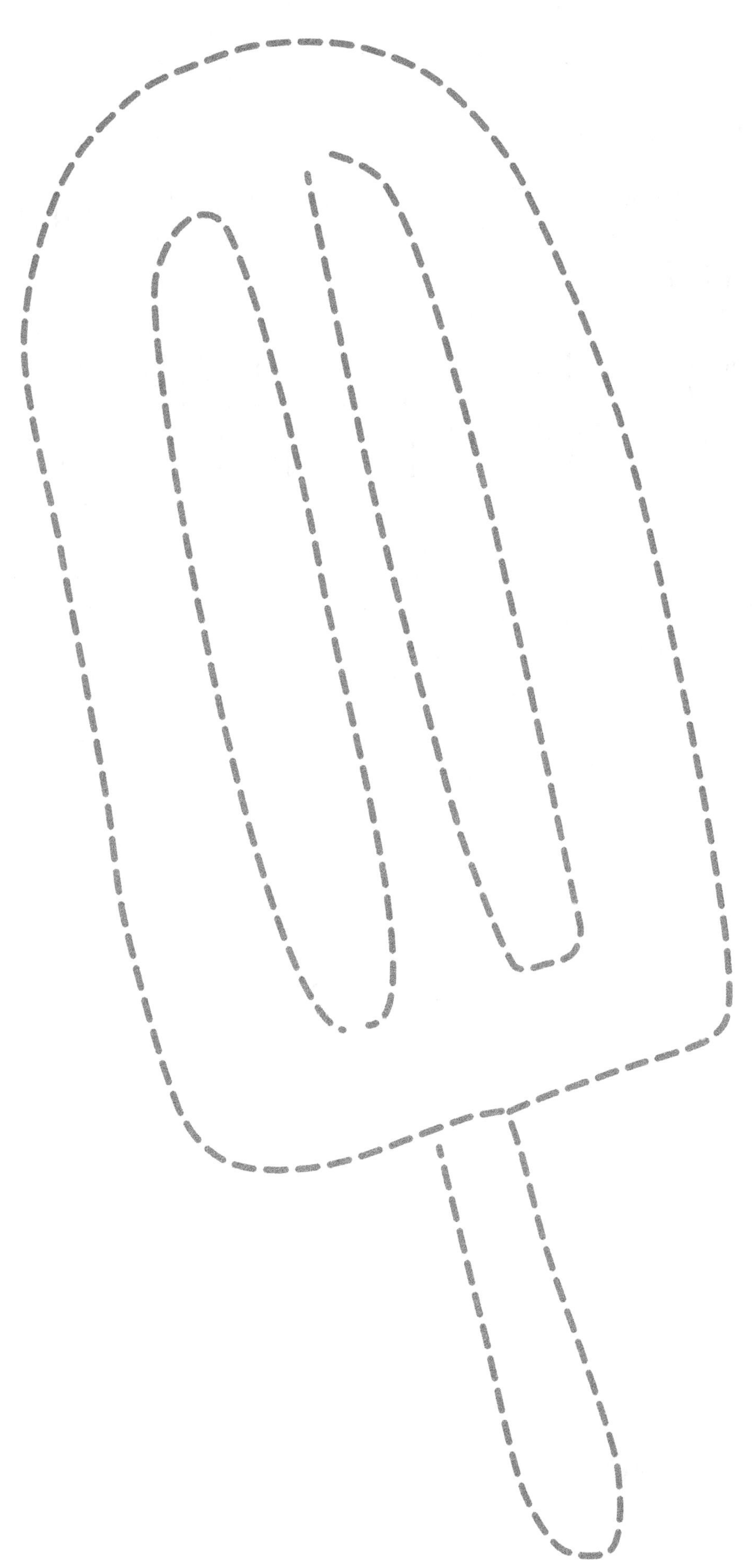

LIEBE ELTERN,
VIELEN DANK FÜR DEN KAUF UND DAS VERTRAUEN!

ICH HABE EINE KLEINE BITTE AN DICH. PRODUKTREZENSIONEN SIND DIE GRUNDLAGE FÜR MEINEN ERFOLG AUF AMAZON. DAHER WÜRDE ICH DICH BITTEN MIR FEEDBACK, MITTELS EINER REZENSION, ZU GEBEN.

WENN DU FRAGEN, ANREGUNGEN, VERBESSERUNGEN ODER WÜNSCHE HAST, KANNST DU DICH GERNE UNTER

LARS.HAGENSTEIN@WEB.DE

MELDEN.

HERZLICHEN DANK

LARS HAGENSTEIN

www.ingramcontent.com/pod-product-compliance
Lightning Source LLC
Chambersburg PA
CBHW081945160726
47999CB00008B/2522